Technology Guide for The Central Plant Hot Recycling of
Asphalt Pavement of Highway for Shaanxi Province

陕西省公路沥青路面厂拌热再生技术指南

陕西省公路局
长安大学新型路面研究所　编著
榆林公路管理局

人民交通出版社股份有限公司

图书在版编目（CIP）数据

陕西省公路沥青路面厂拌热再生技术指南/陕西省公路局等编著.—北京：人民交通出版社股份有限公司，2018.3

ISBN 978-7-114-12788-5

Ⅰ.①陕… Ⅱ.①陕… Ⅲ.①沥青路面—再生路面—道路施工—陕西—指南 Ⅳ.①U416.217-62

中国版本图书馆CIP数据核字（2018）第047775号

书　　名：	陕西省公路沥青路面厂拌热再生技术指南
著 作 者：	陕西省公路局
	长安大学新型路面研究所
	榆林公路管理局
责任编辑：	石　遥
出版发行：	人民交通出版社股份有限公司
地　　址：	（100011）北京市朝阳区安定门外外馆斜街3号
网　　址：	http://www.ccpress.com.cn
销售电话：	（010）59757973
总 经 销：	人民交通出版社股份有限公司发行部
经　　销：	各地新华书店
印　　刷：	北京市密东印刷有限公司
开　　本：	880×1230　1/16
印　　张：	4
字　　数：	63千
版　　次：	2018年3月　第1版
印　　次：	2018年3月　第1次印刷
书　　号：	ISBN 978-7-114-12788-5
定　　价：	40.00元

（有印刷、装订质量问题的图书，由本公司负责调换）

《陕西省公路沥青路面厂拌热再生技术指南》
编写委员会

主 编 单 位：陕西省公路局

参 编 单 位：长安大学新型路面研究所

　　　　　　榆林公路管理局

主　　　编：朱　钰

编 写 人 员：高　巍　张　涛　郭鹏飞　石永飞　赵　菲

　　　　　　王常青　高延芳　牛　龙　张　萌　张　博

　　　　　　刘　芸　胡　薇　涂　静　祝小磊　吴晓刚

顾　　　问：金宏忠　舒　森　景宏伟　韩　森

序

随着公路事业的不断发展，我省公路总里程已超过 17 万公里，早期建成的公路已逐渐达到设计使用年限，面临大规模的改建和养护翻新。传统的养护方式需要开采大量的新材料，旧路面材料的废弃既污染了环境，又造成了大量的资源浪费。因此，大力发展公路路面再生循环利用技术，减少资源开采以保护自然环境，充分利用废旧材料以节约养护成本，将成为公路行业可持续发展的必由之路。

陕西省公路局与长安大学、西安公路研究院等公路科研机构深度合作，结合我省公路路面养护实际开展试点研究，着力于旧路面材料回收循环再生利用技术的推广应用，在总结经验的基础上形成了一系列的路面再生技术地方标准和指南，为陕西的公路养护发展提供了强有力的技术保障。

路面循环再生利用技术的大范围应用推广，需要树立绿色发展观念，建立自上而下的管理制度体系，逐步引导市场更新完善养护装备，积极培养新型养护技术人力；需要我们每一个公路人共同作为，树立整个行业的资源节约意识，一起为实现公路养护事业的绿色可持续发展而努力。

陕西省公路局局长 万振江

2018 年 2 月

前 言

沥青路面厂拌热再生,是将旧沥青路面通过机械铣刨回收的沥青混合料回收料(RAP)运至拌和厂(场、站),经二次筛分,测定其混合料中沥青含量、颗粒组成,根据道路等级、交通特性、路面结构、层次、性能等要求,结合沥青混合料回收料(RAP)中沥青老化程度、性能指标等,以一定的比例与新集料、新沥青以及再生剂、再生补强剂等外掺剂进行配合比设计,生成热拌再生沥青混合料,经摊铺碾压,形成新沥青路面结构层的工艺技术。

近年来,随着国家和社会对环保认识的不断提升,沥青路面再生利用越来越受到行业的重视。陕西省作为西部大开发前沿,"一带一路"的中心区域,在全省推广RAP的循环利用,将有助于实现全省公路建设、养护的可持续发展,更有助于"一带一路"中心区域交通基础设施的可持续发展。

目前全省许多在役公路已不满足路用性能要求,逐渐进入大、中修期。但这些需要进行大中修公路的废旧路面材料仍有较高的利用价值,采用沥青路面厂拌热再生方法,通过合理的再生设计、施工,所铺筑的再生路面性能稳定、使用效果良好。而且由于厂拌热再生技术适用性广、经济性强,具有显著的经济效益和环保效应,其应用必将成为全省公路建设和养护发展的方向。

本指南是在借鉴和总结国内外相关应用经验和研究成果的基础上编写而成,分11章、2个附录,主要包括:原沥青路面调查及分析,沥青混合料回收料(RAP)取样、预处理及评价,原材料要求,再生拌和设备,配合比设计,施工工艺,质量控制,验收与评定,后期评估以及相关试验方法等。

作 者
2018年2月7日

目　　录

1 总则 ………………………………………………………………… 1
2 术语、符号 ………………………………………………………… 2
　2.1 术语 …………………………………………………………… 2
　2.2 符号及代号 …………………………………………………… 3
3 再生沥青路面结构设计 …………………………………………… 4
　3.1 原路面调查及分析 …………………………………………… 4
　3.2 设计方法 ……………………………………………………… 5
4 沥青混合料回收料（RAP）取样、预处理、评价及使用原则 …… 6
　4.1 沥青混合料回收料（RAP）取样方法 ……………………… 6
　4.2 沥青混合料回收料（RAP）的预处理 ……………………… 7
　4.3 沥青混合料回收料（RAP）评价 …………………………… 8
　4.4 沥青混合料回收料（RAP）使用原则 ……………………… 9
5 材料 ………………………………………………………………… 11
　5.1 一般规定 ……………………………………………………… 11
　5.2 沥青 …………………………………………………………… 11
　5.3 粗集料 ………………………………………………………… 12
　5.4 细集料 ………………………………………………………… 13
　5.5 矿粉 …………………………………………………………… 14
　5.6 沥青混合料回收料（RAP）………………………………… 14
　5.7 沥青再生剂 …………………………………………………… 15
　5.8 聚合物外掺剂 ………………………………………………… 16
6 再生拌和设备 ……………………………………………………… 18
　6.1 破碎筛分系统 ………………………………………………… 18
　6.2 计量、配料、供给系统 ……………………………………… 18
　6.3 燃烧器与加热装置 …………………………………………… 19
　6.4 烘干加热滚筒 ………………………………………………… 19
　6.5 再生剂储存装置 ……………………………………………… 20
　6.6 拌和设备生产能力 …………………………………………… 20
7 配合比设计 ………………………………………………………… 22
　7.1 一般规定 ……………………………………………………… 22

— 1 —

  7.2 级配组成 ·· 22
  7.3 再生沥青混合料的技术要求 ·· 23
  7.4 热再生沥青混合料配合比设计 ·· 23
8 施工 ··· 29
  8.1 机械设备 ·· 29
  8.2 施工准备 ·· 29
  8.3 拌和 ·· 30
  8.4 运输 ·· 30
  8.5 摊铺 ·· 31
  8.6 碾压 ·· 31
  8.7 接缝处理 ·· 32
9 质量控制 ··· 34
  9.1 温度控制 ·· 34
  9.2 质量检测 ·· 35
10 验收与评定 ··· 38
  10.1 基本要求 ·· 38
  10.2 实测项目 ·· 38
  10.3 外观鉴定 ·· 39
11 跟踪与评估 ··· 40
  11.1 施工前质量跟踪 ··· 40
  11.2 施工期间质量跟踪 ·· 40
  11.3 施工现场检查跟踪 ·· 40
  11.4 质量评估 ·· 41
附录 A 沥青混合料回收料（RAP）取样与试验分析 ················· 46
附录 B 从沥青混合料中回收沥青的方法（改进的阿布森法） ······ 48

1 总则

1.0.1 为指导陕西省公路沥青路面厂拌热再生的设计、施工、质量控制和试验检测，制定本指南。

1.0.2 本指南适用于陕西省所辖各等级公路沥青路面的养护工程或改扩建路面不同沥青结构层。

1.0.3 厂拌热再生混合料应根据工程环境、服役年限、沥青混合料回收料（RAP）掺配量、使用性能等综合评价，确定适用公路等级或结构层次。

1.0.4 厂拌热再生应在日平均气温10℃以上进行施工，且不得在雨天施工。

1.0.5 本指南未涉及的内容应符合国家和行业颁布的各有关法规、标准及规范的规定。

2 术语、符号

2.1 术语

2.1.1 沥青混合料回收料 reclaimed asphalt pavement（RAP）
采用铣刨、开挖等方式从沥青路面上获得的旧沥青混合料。

2.1.2 沥青路面再生 asphalt pavement recycling
采用沥青路面再生设备对旧沥青路面或者沥青混合料回收料（RAP）进行处理，并掺加一定比例的新集料、再生结合料、沥青再生剂（必要时）等形成新路面结构层的技术。按照再生混合料拌制和施工温度的不同，沥青路面再生可以分为热再生和冷再生；按照施工场合和工艺的不同，沥青路面再生可以分为厂拌再生和就地再生。沥青路面再生分为厂拌热再生、就地热再生、厂拌冷再生、就地冷再生和全深式冷再生等5类技术。

2.1.3 沥青路面回收料 reclaimed materials from asphalt pavement（RMAP）
采用铣刨、开挖等方式从沥青路面上获得的旧料，包括沥青混合料回收料和基层回收料。

2.1.4 厂拌热再生 central plant hot recycling
将沥青混合料回收料（RAP）运至拌和厂（场、站），经破碎、筛分，以一定的比例与新集料、新沥青、再生剂（必要时）等拌制成热拌再生混合料铺筑路面的技术。

2.1.5 沥青再生剂 rejuvenating agent
掺加到热再生沥青混合料中，用于恢复老化沥青性能的添加剂。

2.1.6 再生沥青 rejuvenated binder
RAP中的抽提回收沥青与新添加的沥青、沥青再生剂组成的混合物。

2.1.7 再生混合料 recycled mixture
含有沥青路面回收料（RMAP）的混合料，包括再生沥青混合料和再生基层混合料。

2.1.8 回收料级配 gradation of RMAP

将烘干至恒重的沥青路面回收料（RMAP）进行筛分试验测得的级配。

2.1.9 沥青混合料回收料（RAP）矿料级配 gradation of aggregate in RAP

用抽提法或者燃烧法除去沥青混合料回收料（RAP）中的沥青材料得到的矿料级配。

2.1.10 再生混合料级配 gradation of recycled mixture

对于厂拌热再生，再生混合料级配即再生混合料的矿料级配，是指沥青混合料回收料（RAP）中的矿料与新矿料的合成级配。

2.2 符号及代号

本指南各种符号、代号及含义见表2.2。

表2.2 符号、代号及含义

编号	符号或代号	含义
2.2.1	RAP	沥青混合料回收料
2.2.2	RA	沥青再生剂
2.2.3	RBM	基层回收材料
2.2.4	RMAP	沥青路面回收料
2.2.5	η	沥青黏度（Pa·s）
2.2.6	TSR	冻融劈裂强度比
2.2.7	PCI	路面损坏状况指数
2.2.8	IRI	国际平整度指数
2.2.9	PSSI	路面结构强度指数
2.2.10	RQI	路面行驶质量指数
2.2.11	SRI	路面抗滑性能指数
2.2.12	RDI	路面车辙深度指数

3 再生沥青路面结构设计

3.1 原路面调查及分析

3.1.1 路段基础数据的收集
根据再生方案需要，对待再生路段的以下部分或全部数据进行收集：
1. 基础数据，包括公路等级、设计标准、原路面结构、几何线形等。
2. 建设条件数据，包括气候条件、地形地貌、水文地质条件等。
3. 交通状况信息，包括历年交通量、轴载组成情况等。
4. 养护管理数据，包括养护历史、近5年的路况检测数据等。
5. 相关价格参数，包括工程材料单价、人工费、机械设备费等。

3.1.2 原路面技术状况检查和检测
根据再生方案需要，对以下部分或全部内容进行检测：
1. 路面损坏，包括各种路面损坏的位置、形态、严重程度等。
2. 路面内部结构状况，包括结构损坏类型、病害层位、病害严重程度、层间连接状况、结构层材料性能指标等。可通过探坑开挖、钻芯取样等方式进行检查。
3. 原路面结构参数，包括路基顶面当量回弹模量、基层顶面当量回弹模量、路表当量回弹模量等。可通过承载板试验、动力贯入锥触探、落锤弯沉仪法等方法检测。
4. 路基路面排水状况，包括路表排水设施状况、结构内部排水状况、地下排水状况等。可通过人工调查、渗水仪检测等方法检查。
5. 原路面技术指标，包括路面损坏状况指数PCI、路面结构强度指数PSSI、路面行驶质量指数RQI、路面抗滑性能指数SRI、路面车辙深度指数RDI等。

3.1.3
对原路面材料进行取样和检测。检测指标主要包括沥青含量、回收沥青各项技术指标、抽提沥青后集料的各项指标等。

3.1.4
对交通状况、路面技术状况、路面病害、结构强度、材料组成及性能、排水状况、路基稳定性等数据进行系统深入分析，为再生设计提供依据。

3.2 设计方法

3.2.1 厂拌热再生沥青路面结构设计应符合现行《公路沥青路面设计规范》(JTG D50)的有关规定。

3.2.2 用于结构设计的再生混合料参数宜实测获得。条件不具备时，热再生混合料结构设计参数的选取应符合现行《公路沥青路面设计规范》(JTG D50)相应混合料类型设计参数的有关规定。

3.2.3 厂拌热再生沥青路面结构设计时应对设计方案进行技术、经济、环境、交通、安全等方面的综合比选。

4 沥青混合料回收料(RAP)取样、预处理、评价及使用原则

4.1 沥青混合料回收料（RAP）取样方法

4.1.1 现场取样

现场取样适用于厂拌热再生工程的前期调查和混合料设计用沥青混合料回收料（RAP）的获取。现场取样频率和方法如下：

1 分析路面结构和路面维修记录，根据路面情况是否相同或者接近将全部施工路段划分为若干个子路段，每个子路段长度不宜大于5 000m且不宜小于500m，或者每个子路段面积不宜大于50 000m^2，且不宜小于5 000m^2。

2 按照《公路路基路面现场测试规程》（JTG E60—2008）附录A公路路基路面现场测试随机选点方法确定取样点位置。

3 每个子路段取样断面数不少于8个，可采用铣刨机铣刨、钻芯取样、机械切割等方法，钻芯取样时每个取样断面钻芯不少于3个；钻取的芯样和机械切割的样品，在室内击碎至最大粒径不超过37.5mm后使用。

4 根据需要，取得足够数量的沥青混合料回收料（RAP）。

4.1.2 拌和场料堆取样

1 拌和场料堆取样适用于厂拌热再生工程的前期调查，以及混合料设计用RAP的获取。

2 取样方法参照现行《公路工程集料试验规程》（JTG E42）粗集料料堆取样法，取样前应去除表面15~25cm深度范围内的沥青混合料回收料（RAP）。根据需要，取得足够数量的沥青混合料回收料（RAP）。

4.1.3 试样缩分

1 分料器法：将试样拌匀，通过分料器分成大致相等的两份，再取其中的一份分成两份，缩分至需要的数量为止。

2 四分法：将所取试样置于平板上，在自然状态下拌和均匀，大致摊平，然后从摊平的试样中心沿互相垂直的两个方向把试样向两边分开，分成大致相等的四份，取其中对角的两份重新拌匀，重复上述过程，直至缩分至所需的数量。

4.1.4 取样数量

通常一次取样每个样品最小取样数量应大于8kg（单次回收沥青三大指标试验所需样品数量）。取样数量主要取决于取样目的，进行级配、沥青含量等常规试验项目，一般10kg试样即可以满足需要。

4.1.5 样品存放

1 试样应存放在干净、干燥阴凉处，注意防止试样污染或相互混杂。装有试样的袋子口应捆绑好，并在其上标明试样级配类型、取样日期、层位和桩号等信息。

2 除试样的一部分用于检验外，其余试样应妥善保存备用。

3 试样如果不干燥而且需要加热时，应一次取足够一批试验所需数量材料，装入盛样器（托盘）。试样加热温度宜控制在105℃±5℃，加热时间控制在35min±5min之内。用于质量仲裁检验的样品，重复加热的次数不得超过两次。

4.2 沥青混合料回收料（RAP）的预处理

按回收方式的不同，沥青混合料回收料（RAP）一般有两种形态，一种是由铣刨机冷铣刨得到的散状物，另一种是由机械开挖回收得到的块状物。获取沥青混合料回收料（RAP）时应按照结构类型分层铣刨和开挖，且回收材料应分别（仓）堆放。

4.2.1 材料的破碎

1 铣刨设备冷铣刨后得到的沥青混合料回收料（RAP）料块大小合适，只有少量体积过大的料块需要破碎。

2 机械开挖多层沥青路面全厚度整层得到的沥青混合料回收料（RAP）料块，每块体积均比较大，因此一般需要破碎。破碎时，应采用2级破碎，一级为颚式或反击式石料破碎，二级为锤式石料破碎。当料块中含有较大体积板块，不能直接进入破碎机时，需采用人工方法预分解处理。破碎时要注意调整机械参数，防止过度破碎。具有新鲜破碎面的颗粒含量宜不超过30%。破碎时可适当喷水降尘，减少对环境的污染。

4.2.2 粒径分级

1 无论是冷铣刨得到的沥青混合料回收料（RAP），还是破碎后的沥青混合料回收料（RAP），都应进行预分级处理。不允许将未经预处理的沥青混合料回收料用于生产热再生沥青混合料。

2 沥青混合料回收料（RAP）的分级应注意：沥青混合料回收料（RAP）最大粒径不应大于再生混合料最大粒径。分级数量应不多于热再生拌和设备所提供的沥青混合料回收料（RAP）冷料仓配置数量。

3 沥青混合料回收料（RAP）宜分为3个粒级，按照公称最大粒径、9.5mm、4.75mm筛孔作为分界关键筛孔。

4.2.3 成品料的储存

1 经过分级预处理的沥青混合料回收料（RAP）应分批次存放。同一粒级、回收沥青针入度（或黏度）指标检验结果接近的为一批。分堆存放时不得有串料混堆现象发生。

2 存放沥青混合料回收料（RAP）的场地应平整坚实，必要时应作硬化处理。场地应设置能够向外侧排水的坡度。储料仓应设置防雨棚且具有足够的容积，数量应满足不同规格、不同性质的沥青混合料回收料（RAP），并满足机械装卸作业的空间需求。

3 经过分级预处理的沥青混合料回收料（RAP）在转运、堆放过程中应避免沥青混合料回收料（RAP）离析。各规格沥青混合料回收料（RAP）堆高不得超过 3m。

4 经过预处理的沥青混合料回收料（RAP），应及时使用，避免长时间堆放，取料时应从堆料的底部开始向上在全范围内铲装。

4.2.4 台账管理

拌和站应建立回收料管理台账，分别记录每一料堆（批次）沥青混合料回收料（RAP）的回收时间、回收数量、料源路段、服役年限等相关信息；对经过分级待用的沥青混合料回收料（RAP）还应注明油石比（或沥青用量）、回收沥青黏度（或针入度）、< 0.075mm 颗粒含量，以及仓储位置、名称或编号、使用时间、使用地点、使用数量等信息。

4.2.5 仓储管理

仓储管理的核心是确保沥青混合料回收料（RAP）在使用前不被污染、不改变使用品质，在使用中不被误用。不同粒级的沥青混合料回收料（RAP）应分仓或分堆存放，防止混堆或串料。每一料堆或料仓应设立铭牌标志，标明材料名称、编号、粒径范围、油石比（或沥青含量）沥青黏度（或针入度）等内容。

4.3 沥青混合料回收料（RAP）评价

4.3.1 含水率评价

根据烘干前后沥青混合料回收料（RAP）质量的变化，按照式（4-1）计算沥青混合料回收料（RAP）的含水率 w，试验方法参照现行《公路工程集料试验规程》（JTG E42）T 0305，烘箱加热温度调整为 105℃恒温。

$$w = \frac{m_w - m_d}{m_d} \times 100\% \tag{4-1}$$

式中：m_w——回收的旧沥青混合料质量（g）；
　　　m_d——回收的旧沥青混合料烘干至恒重的质量（g）。

4.3.2 级配评价

对沥青混合料回收料（RAP）进行筛分试验，确定沥青混合料回收料（RAP）的级配。试验方法参照现行《公路工程集料试验规程》（JTG E42）T 0327，进行筛分。

4.3.3 砂当量评价

用4.75mm筛筛除沥青混合料回收料（RAP）中的粗颗粒，进行砂当量指标检测。试验方法参照现行《公路工程集料试验规程》（JTG E42）T 0334。

4.3.4 沥青含量和性能测试

1 回收沥青前应对回收仪器进行空白沥青标定，并进行重复性和复现性试验。

2 检测沥青含量和回收沥青的25℃针入度、软化点、15℃延度、60℃黏度等。

3 具有下列情形之一的，必须重新进行空白沥青标定：更换沥青回收设备时、更换三氯乙烯品牌或供应商时、回收沥青性能异常时、沥青混合料来源发生变化时。

4 精度与允许误差：重复性试验的允许误差，针入度≤2（0.1mm）、黏度≤平均值的3.5%、软化点≤1℃；复现性试验的允许误差，针入度≤4（0.1mm）、黏度≤平均值的14.5%、软化点≤4.0℃。如果超出允许误差范围，则应弃置回收沥青，重新标定、回收。

4.3.5 矿料级配和集料性质

1 将抽提试验后得到的矿料烘干，待矿料降到室温后，用标准方孔筛进行筛分试验，确定沥青混合料回收料（RAP）中的旧矿料级配。沥青混合料回收料（RAP）的沥青含量与级配也可以采用燃烧法确定，高温燃烧炉应进行标定。集料若在高温条件下易破碎或崩解，则不适宜采用该法。

2 沥青混合料回收料（RAP）中集料性质，按照相关的标准规范进行检测。

4.4 沥青混合料回收料（RAP）使用原则

4.4.1 按照来源、铣刨层位、技术性能选择再生混合料适用公路等级与结构层层位。

4.4.2 回收沥青应通过添加再生剂进行沥青性能恢复，根据确定的再生剂型号、用量进行再生混合料成本分析，再生价值不高则不宜适用于厂拌热再生。

4.4.3 路面回收材料（RAP）的使用量应根据回收路面材料中粗、细集料粒径、级配并与新集料进行合成确定其最佳掺配量。

4.4.4 路面回收材料（RAP）的最大使用量应根据沥青拌和设备最低产能与再生设备最大产能相匹配（参考本指南表6-2要求），保证混合料生产质量稳定，性能优良。

4.4.5 路面回收材料（RAP）一般推荐掺配量为25%～30%，大于30%时应综合评价，根据再生结构层位、再生剂添加量、再生沥青混合料技术性能、经济性等充分考虑，并经论证后确定。

4.4.6 特殊路段（管养史不健全或服役时间长）沥青混合料回收料（RAP）不宜应用于沥青路面表面层，应用于其他结构层时其掺加量不宜超过25%。

5 材料

5.1 一般规定

5.1.1 沥青路面使用的各种材料运至现场后必须取样进行质量检验，经检验评价合格方可使用，不得以供应商提供的检测报告或商检报告代替现场检测。

5.1.2 沥青路面集料的选择必须经过认真的料源调查，确定料源应尽可能就地取材。质量符合使用要求，石料开采必须注意环境保护，防止破坏生态平衡。

5.1.3 各种材料应设置标示牌，标示内容应包括材料名称、岩性、规格、用途、产地等，不同料源、品种、规格的集料不得混杂堆放。

5.2 沥青

5.2.1 热再生沥青混合料根据所使用工程环境可选择使用普通道路石油沥青或SBS改性沥青。

5.2.2 厂拌热再生使用的沥青技术指标应该满足表5.2.2-1、表5.2.2-2的要求。

表 5.2.2-1 A级道路石油沥青技术要求

试验项目		单位	技术要求		试验方法
			90号	70号	
针入度（25℃，100g，5s）		0.1mm	80～100	60～80	T 0604
针入度指数 PI		—	-1.0～+1.0	-1.0～+1.0	T 0604
延度，不小于	15℃，5cm/min	cm	100	100	T 0605
	10℃，5cm/min	cm	30	20	
软化点（环球法），不小于		℃	45	46	T 0606
闪点（COC），不小于		℃	245	260	T 0611
60℃动力黏度，不小于		Pa·s	160	180	T 0620
蜡含量（蒸馏法），不大于		%	2.0	2.0	T 0615
密度（15℃）		g/cm³	实测记录	实测记录	T 0603

续上表

试验项目		单位	技术要求 90号	技术要求 70号	试验方法
溶解度（三氯乙烯），不小于		%	99.5	99.5	T 0607
TFOT（或 RTFOT）后	质量变化，不大于	±0.8	±0.8	±0.8	T 0610/0609
	针入度比，不小于	%	57	61	T 0604
	延度（10℃），不小于	cm	8	6	T 0605

表 5.2.2-2 SBS 改性沥青技术要求

检测项目		单位	技术要求	试验方法
针入度（25℃，100g，5s）		0.1mm	60～70	T 0604
针入度指数 PI，不小于		—	−0.4	T 0604
延度（5℃ 5cm/min），不小于		cm	30	T 0605
软化点，不小于		℃	80	T 0606
运动黏度（135℃）		Pa·s	2.0～3.0	T 0625
闪点（COC），不小于		℃	230	T 0611
溶解度（三氯乙烯），不小于		%	99	T 0607
弹性恢复（25℃），不小于		%	85	T 0662
储存稳定性离析、48h软化点差，不大于		℃	2.0	T 0661
TFOT（或 RTFOT）后残留物	质量损失，不大于	%	1.0	T 0609
	针入度比（25℃），不小于	%	65	T 0604
	延度（5℃），不小于	cm	20	T 0605
密度（15℃）		g/cm^3	实测记录	T 0603

5.3 粗集料

5.3.1 用于再生沥青混合料所用的新集料必须有固定的料源，其规格、级配、岩性须稳定。在满足一定强度和硬度条件下，集料须有良好的颗粒形状且表面粗糙，形状接近立方体，洁净、干燥、无风化、无杂质。

5.3.2 对抗滑要求高和有条件的项目应采用坚硬的岩石加工集料，质量技术要求见表 5.3.2。

5.3.3 根据沥青混合料配合比设计中矿料级配组成情况，尽量使施工矿料级配与原材料颗粒组成相匹配，有利于保证混合料设计级配。

表 5.3.2 粗集料质量技术要求

检测项目		单位	技术要求		试验方法
			表面层	其他层	
石料压碎值，不大于		%	26	28	T 0316
洛杉矶磨耗损失，不大于		%	28	30	T 0317
视密度，不小于		g/cm³	2.60	2.60	T 0304
吸水率，不大于		%	2.0	2.0	T 0304
对沥青的黏附性，不小于		—	4 级	4 级	T 0616
针片状颗粒含量，不大于	混合料	%	15	18	T 0312
	粒径>9.5mm		12	18	
	粒径<9.5mm		18	20	
软石含量，不大于		%	3	3	T 0320
坚固性，不大于		%	12	12	T 0314
水洗法<0.075mm 颗粒含量，不大于		%	1.0	1.0	T 0310
磨光值，不小于		—	40	—	T 0321

5.3.4　粗集料储存堆放时，不同结构层应按照不同规格碎石必须采取可靠隔离措施严格分开堆放，明确标识，不得混杂。对于来自不同料场的同规格石料，应通过筛分试验验证级配组成、密度试验，满足要求后方可集中堆放，否则应分开堆放。

5.3.5　碎石除满足《公路沥青路面施工技术规范》（JTG F40—2004）技术要求外，碎石与沥青黏附性要求不低于 4 级。当黏附性达不到要求时，应在沥青中掺入高温稳定性好的抗剥落剂或通过集料表面碱性化处理（消石灰粉）提高粗集料与沥青的黏附性。

5.3.6　临时性拌和场地应做好疏水、扬尘处理，确保材料堆放洁净、干燥。

5.4　细集料

5.4.1　各结构层细集料应采用机制砂。并采用 10～20mm 的石灰岩或与面层料同母岩等憎水碎石用制砂机生产加工，严禁采用石屑加工机制砂。

5.4.2　机制砂应洁净、干燥、无风化、无杂物，且有适当的颗粒级配，同时要求与沥青有良好的黏附能力，规格要求及技术要求见表 5.4.2-1、表 5.4.2-2。

表 5.4.2-1 细集料规格要求

规格	水洗法通过下列各筛孔（mm）的质量百分率（%）							
	9.5	4.75	2.36	1.18	0.6	0.3	0.15	0.075
机制砂	—	100	80~100	50~80	25~60	8~45	0~25	0~15

表 5.4.2-2 细集料质量技术要求

试验项目	单位	技术要求	试验方法
表观相对密度，不小于	g/cm^3	2.50	T 0328
砂当量，不小于	%	60	T 0334
棱角性（流动时间），不小于	s	30	T 0345

5.4.3 细集料堆放时，必须严密覆盖或搭棚保护，防止雨淋与二次污染。

5.5 矿粉

5.5.1 矿粉必须采用石灰岩或岩浆岩中的强基性岩石等憎水性集料经磨细后得到，原集料中不得含有泥土等杂质。矿粉要求干燥、洁净、能自由地从矿粉仓流出。

5.5.2 严禁使用回收粉。回收粉应采用湿法排出，并集中存放、运输出场外。回收粉应建立回收、清理台账，以备检查。

5.5.3 矿粉质量技术要求见表5.5.3。

表 5.5.3 矿粉质量技术要求

检测项目		单位	技术要求	试验方法
密度，不小于		g/cm^3	2.50	T 0352
含水率，不大于		%	1	T 0103
塑性指数，不大于		—	4	T 0354
粒度范围	0.6mm	%	100	T 0351
	0.15mm		90~100	
	0.075mm		75~95	
外观		—	无团粒结块	—
亲水系数，不大于		—	1	T 0353

5.6 沥青混合料回收料（RAP）

经过预处理的沥青混合料回收料（RAP）的各项技术指标见表5.6。

表5.6 沥青混合料回收料（RAP）检测项目与质量要求

材　料	检测项目		单　位	技术要求	试验方法
RAP	含水率，不大于		%	3	T 0305
	RAP级配		%	实测	T 0725
	沥青含量		%	实测	T 0722
	砂当量，不小于		%	60	T 0334
RAP中的沥青	针入度，25℃，不小于		0.1mm	20	T 0604
	延度，15℃		cm	实测	T 0605
	软化点		℃	实测	T 0606
	60℃黏度		Pa·s	实测	T 0620
RAP中的粗集料	针片状颗粒含量，不大于	混合料	%	15/18（表面层/其他层）	T 0312
		粒径>9.5mm		12/15（表面层/其他层）	
		粒径<9.5mm		18/20（表面层/其他层）	
	压碎值，不大于		%	26/28（表面层/其他层）	T 0316
RAP中的细集料	棱角性，不小于		s	30	T 0345

5.7 沥青再生剂

5.7.1 再生剂可以分为软沥青、低黏度的油分、专用的沥青再生剂，无论采用哪种再生剂，都应具备以下性能：
1 与旧沥青材料有良好的相容性和较广的适应性；
2 改善旧沥青的路用性能；
3 不含蜡质成分；
4 性能稳定，并具有较长的时效；
5 易于储存，无毒害；
6 不得破坏沥青中的有效组分。

5.7.2 再生剂的使用应根据沥青混合料回收料（RAP）中沥青老化程度、沥青含量、沥青混合料回收料（RAP）掺配比例、再生剂与沥青的配伍性，综合选择再生剂品种。
再生剂技术要求见表5.7.2。

表5.7.2 热拌沥青混合料再生剂技术要求

检验项目	RA-1	RA-5	RA-25	RA-75	RA-250	RA-500	试验方法
60℃黏度	50~175	176~900	901~4 500	4 501~12 500	12 501~37 500	37 501~60 000	T 0619
闪点（℃）	≥220	≥220	≥220	≥220	≥220	≥220	T 0633
饱和分含量（%）	≤30	≤30	≤30	≤30	≤30	≤30	T 0618

续上表

检验项目	RA-1	RA-5	RA-25	RA-75	RA-250	RA-500	试验方法
芳香分含量（％）	实测记录	实测记录	实测记录	实测记录	实测记录	实测记录	T 0618
薄膜烘箱试验前后黏度比	≤3	≤3	≤3	≤3	≤3	≤3	T 0619
薄膜烘箱试验前后质量变化（％）	≤4，≥-4	≤4，≥-4	≤3，≥-3	≤3，≥-3	≤3，≥-3	≤3，≥-3	T 0609 或 T 0610
15℃密度	实测记录	实测记录	实测记录	实测记录	实测记录	实测记录	T 0603

注：1. 薄膜烘箱试验前后黏度比＝试样薄膜烘箱试验后黏度/试样薄膜烘箱试验前黏度。
　　2. 再生剂应根据回收沥青老化程度选取，针入度小的选取黏度小的再生剂，反之则选取黏度较大的再生剂。

5.8 聚合物外掺剂

5.8.1 对于服役年限长，管养史不健全，使用基质沥青，RAP掺量较大（大于35％）或原路面信息不能完全掌握的旧路，应通过添加外加剂对再生混合料进行补强。常用外加剂有：补强剂、抗车辙剂等。外加剂质量应符合国家相关标准要求。

5.8.2 对于长大纵坡路段、重载交通密集、渠化交通严重路段，为避免早期病害，需添加高性能聚合物外掺剂对再生沥青混合料进行补强，提高沥青混合料路高温稳定性。

5.8.3 表面层混合料采用再生时应在混合料中添加补强剂，增加高温稳定性、抗疲劳性等综合性能，预防和延缓路面早期病害的发生。

5.8.4 外掺剂的品种与用量应通过试验来合理选择，外掺剂不得对混合料的路用性能产生不利的影响。

5.8.5 补强剂、抗车辙剂等外加剂质量技术要求见表5.8.5-1、表5.8.5-2。

表5.8.5-1　补强剂质量技术要求

检 测 项 目	单　位	技 术 要 求	试 验 依 据
外观	—	颗粒状、均匀、饱满、无结块	目测
单个颗粒质量，不大于	g	0.03	JT/T 860.1
密度（23℃），不大于	g/cm³	1.0	GB/T 1033
熔融指数，不小于	g/10min	1	GB/T 3682
灰分含量，不大于	％	5	T 0614

表 5.8.5-2　补强沥青混合料技术要求

检 测 项 目		单位	技 术 要 求	试验依据
软化点	基质沥青，不小于	℃	45	T 0606
	补强剂改性沥青		基质沥青软化点 +25℃	
马歇尔试验稳定度，不小于		kN	10	T 0709
流值		mm	1.5~4.0	T 0709
残留稳定度，不小于		%	85	T 0709
冻融劈裂强度比，不小于		%	80	T 0729
低温弯曲破坏应变，不小于		με	2 800	T 0715
车辙试验动稳定度，不小于	掺量 0.15%	次/mm	3 000	T 0719
	掺量 0.3%		6 000	T 0719
模拟高温重载条件车辙试验动稳定度，不小于（70℃，0.9MPa）			4 500	T 0719

6 再生拌和设备

6.1 破碎筛分系统

6.1.1 破碎设备应配置反击式和锤式破碎机，筛分设备由多层筛网组成。

6.1.2 破碎过程应使沥青混合料回收料（RAP）充分分散，避免将集料压碎产生过多的细集料，可通过调整参数实现对出料粒径大小的控制。

6.1.3 筛分设备可将沥青混合料回收料（RAP）筛分成不少于3种规格的材料，筛出的超大规格料可循环送入破碎设备中进行再破碎。

6.2 计量、配料、供给系统

6.2.1 沥青混合料回收料（RAP）供给系统的供料能力应能满足设备最大生产能力的要求。

6.2.2 沥青混合料回收料（RAP）供给系统中应安装缺料和断料报警装置，在配料斗中应安装有效的破拱装置。

6.2.3 配料装置、给料皮带机和提升机之间不得有漏料现象，应设置安全防护和紧急停车装置。

6.2.4 提升机出料口应设置断料与满料（堵塞）检测、报警装置。

6.2.5 沥青混合料回收料（RAP）应采用称重传感器进行流量计量，动态配料。

6.2.6 沥青混合料回收料（RAP）计量、配料系统、温度允许误差应满足表6.2.6所示。

表 6.2.6 计量、配料系统、温度允许误差

项　目		允许误差
温度计量准确度（℃）	烘干筒温度计量装置	±3.0
	沥青混合料回收料热料暂存仓温度计量装置	±1.0
	除尘器温度计量装置	±1.0
材料计量准确度（%）	沥青混合料回收料热料计量装置	±0.5
	沥青混合料回收料冷料计量装置	±0.5
	再生剂计量装置	±0.3
动态配料误差（%）	沥青混合料回收料冷料配料系统	±2.5
	沥青混合料回收料热料配料系统	±2.5
	再生剂动态配料系统	±2.0
沥青混合料回收料热料出料温度稳定性（℃）		±6.0

6.3 燃烧器与加热装置

6.3.1 燃烧器的供热能力应满足设备最大生产能力的要求。

6.3.2 燃烧器应使用介质雾化技术对燃油进行充分雾化，且燃烧区配置有足够大的燃烧室。

6.3.3 沥青混合料回收料（RAP）宜采用热气加热或进行间接加热，进入烘干滚筒的加热介质温度不应过高，并确保加热材料不直接与火焰接触，避免混合料进一步老化。

6.3.4 烘干滚筒排气口和进料口之间应设置废气内循环系统进行二次燃烧、降低热气温度和提高热效率。全部废气应经过二次燃烧后才能送入除尘系统。

6.3.5 燃烧器工作可靠、点火迅速、调节方便、燃烧充分稳定、火焰的大小应连续可调，且应有安全点火、断火保护装置，出料温度实现无级调控。

6.4 烘干加热滚筒

6.4.1 沥青混合料回收料（RAP）烘干加热滚筒内应设置避免材料加热过程中黏附滚筒内壁及提料叶片的专门装置。

6.4.2 烘干加热滚筒内应设置专门的旋转刮板，减小加热过程中由于粗细料粒径不

同造成的温度差异，加热滚筒出料口应安装测温装置，实现全自动控制，控制精度应符合表6.2.6所示。

6.4.3 沥青混合料回收料（RAP）烘干加热滚筒的转速和安装倾角应符合设计要求，转速偏差小于±2%，安装倾角偏差小于±0.5°。

6.4.4 在工作过程中沥青混合料回收料（RAP）烘干加热滚筒筒体不应有明显的变形，传动系统应平稳、振动小，筒体轴向位移应不大于3mm。

6.4.5 沥青混合料回收料（RAP）烘干加热滚筒进料和出料两端不应漏料。

6.4.6 沥青混合料回收料（RAP）烘干加热滚筒排出废气引风装置的风量和风压应能满足设备最大生产能力的要求，并具有风量调节系统。

6.4.7 沥青混合料回收料（RAP）热料应采用称重传感器进行计量，计量装置的最小显示感量值为1kg，计量准确度应满足表6.2.6所示。

6.5 再生剂储存装置

6.5.1 再生剂储存装置应配有合理的加热与保温装置，必要时配备搅拌装置以防止离析。

6.5.2 再生剂储存装置应配有排放装置，以利于取样和卸料。

6.5.3 再生剂储存装置应设置液位显示器和温度检测显示装置。

6.5.4 再生剂储存装置的储存量应保证厂拌热再生设备连续工作时间不小于8h。

6.5.5 再生剂配料应采用称重式计量方式，计量装置的最小显示感量值为0.1kg，计量准确度应满足表6.2.6所示。

6.6 拌和设备生产能力

6.6.1 再生沥青混合料的质量与沥青混合料回收料（RAP）的再生拌和设备型号、生产能力以及同再生拌和设备性能相匹配。

6.6.2 再生设备的匹配应根据已有拌和设备产能选择，使混合料产能稳定、持续。

沥青混合料回收料（RAP）添加量连续、精准。

6.6.3 沥青混合料拌和楼与再生设备生产能力匹配见表6.6.3。

表6.6.3 沥青混合料拌和楼与再生设备生产能力对应表

混合料拌和设备	生产能力（t/h）	RAP添加量（%）	再生拌和设备最小生产能力（t/h）
2000型	≥120	≤25	30
		25~50	60
3000型	≥180	≤25	60
		25~50	80
4000型	≥240	≤25	80
		25~50	100

7 配合比设计

7.1 一般规定

7.1.1 应在对沥青混合料回收料（RAP）充分调查分析的基础上，根据工程要求、公路等级、交通等级、使用层位、气候条件等因素，充分借鉴成功经验，选用符合要求的材料，进行再生混合料设计。

7.1.2 厂拌热再生应以沥青混合料回收料（RAP）中的矿料与新矿料的合成级配作为级配设计依据。

7.1.3 设计得到的厂拌热再生混合料性能应符合《公路沥青路面施工技术规范》（JTG F40）以及本指南（表7.3）中相应混合料类型的技术要求。

7.2 级配组成

7.2.1 根据沥青混合料回收料（RAP）矿料的级配变异情况、工程的实际情况、沥青混合料类型、拌和设备的类型与加热干燥能力、新集料的性质等，确定新集料与沥青混合料回收料（RAP）的掺配比例。沥青混合料回收料（RAP）具体添加量根据试验确定。

7.2.2 再生沥青混合料的矿料级配范围参照《沥青路面施工技术规范》（JTG F40—2004），常用混合料级配控制也可参照表7.2.2。

表7.2.2 再生沥青混合料矿料级配组成范围

级配类型	通过下列筛孔（mm）的质量百分率（%）													
	37.5	31.5	26.5	19	16	13.2	9.5	4.75	2.36	1.18	0.6	0.3	0.15	0.075
ATB-30	100	90~100	82~90	63~73	57~66	49~59	39~49	25~33	15~23	10~16	7~13	5~9	4~8	3~5
ATB-25		100	90~100	66~76	55~65	48~58	35~45	26~34	18~26	12~20	8~16	6~12	4~8	3~5
AC-25		100	90~100	80~90	70~80	64~74	53~63	29~39	18~26	12~20	8~16	5~11	4~9	3~6
AC-20			100	90~100	80~90	68~78	56~69	33~43	26~34	18~26	12~20	9~15	5~11	4~6
AC-16				100	90~100	80~90	65~76	38~48	23~34	15~24	12~20	8~15	6~11	4~6
AC-13					100	90~100	74~84	42~52	26~34	16~24	12~20	8~14	6~12	5~7

7.3 再生沥青混合料的技术要求

再生沥青混合料配合比设计均采用马歇尔试验方法，有条件时应采用旋转压实成型试验进行验证，其技术要求见表7.3。

表7.3 再生沥青混合料技术要求

试验项目		单位	技术要求						试验方法
			ATB-30	ATB-25	AC-25	AC-20	AC-16	AC-13	
击实次数（双面）		次	112	75					T 0702
空隙率		%	4~6			3~6			T 0705
矿料间隙率，不小于		%	11.5	12.0	11.0	12.0	12.5	13.0	
沥青饱和度		%	55~70			65~75			
稳定度，不小于		kN	15.0	8.0					T 0709
流值		0.1mm	实测	15~40		20~40			
残留稳定度不小于	基质	%	80						
	改性		85						
冻融劈裂强度比不小于	基质	%	75						T 0729
	改性		80						
60℃动稳定度不小于	基质	次/mm	1 500			2 000			T 0719
	改性		2 000	3 000		4 000			
低温弯曲破坏应变不小于	基质	με	冬寒区			≥2 300			T 0715
			冬冷（温）区			≥2 300			
	改性		冬寒区			≥2 800			
			冬冷（温）区			≥2 800			
渗水系数，不大于		mL/min	120	100		80		50	T 0971

7.4 热再生沥青混合料配合比设计

配合比设计分为三阶段设计，设计过程中应逐一按要求认真完成。

7.4.1 目标配合比设计阶段

1　厂拌热再生沥青混合料配合比设计流程如图7.4.1所示。

2　用工程实际使用的材料，根据混合料体积指标从中选取空隙率接近设计要求的级配曲线作为优选设计级配，并通过试验分析确定最佳沥青用量，当其混合料指标符合配合比设计技术标准要求和配合比设计检验要求时，此优选设计级配及其最佳油石比作为目标配合比，供拌和楼确定各冷料仓的供料比例、进料速度及试拌使用。

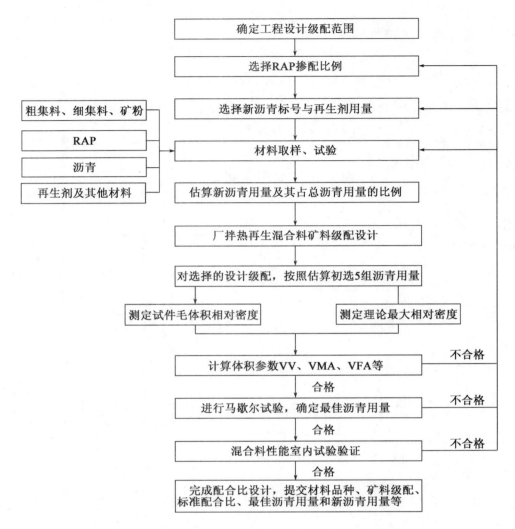

图 7.4.1 厂拌热再生沥青混合料目标配合比设计流程图

3 热再生沥青混合料的配合比设计，需要确定各种材料的组成比例，首先要掌握旧料的材料组成比例，然后通过相关性能试验最终确定各种材料的比例。

4 旧沥青材料组成分析：对旧沥青混合料料进行抽提分析，得到旧料中沥青含量及旧料矿料颗粒组成，作为目标配合比设计依据。

5 回收沥青材料性能分析：将抽提出来的旧沥青溶液按《公路工程沥青及沥青混合料试验规程》（JTG E20—2011）中的 T 0726 或 T 0727 试验方法回收沥青，并测定回收旧沥青的针入度、软化点、延度、60℃的动力黏度等关键指标。

6 选择新沥青标号

1）确定再生沥青目标标号：厂拌热再生混合料，再生沥青的目标标号根据公路等级、混合料使用的层位、工程的气候条件、交通量、设计速度等条件，选取与当地同等条件的道路沥青标号作为目标标号，沥青混合料回收料（RAP）掺配比例较大时，也可以根据实际情况，适当降低沥青目标标号一个等级。

2）确定新沥青标号：根据沥青混合料回收料（RAP）材料的性质、掺配比例，参照表 7.4.1 选择新沥青。

表 7.4.1 再生沥青混合料新沥青选择

建议新沥青等级 \ RAP 含量	回收沥青等级		
	P≥30	P = 20～30	P = 10～20
沥青选择不需要变化	<20%	<15%	<10%
选择新沥青标号比正常高半个等级	20%～30%	15%～25%	10%～15%
根据新旧沥青混合调和法则确定	>30%	>25%	>15%

注：1. 表中 P 代表 25℃的针入度。
    2. 沥青标号半个等级，即针入度 10（0.1mm）。

3）当需要根据新旧沥青混合调和法确定新沥青标号的，按照式（7-1）计算新沥青（再生剂）的黏度。

$$\lg\eta_{mix} = (1 - \alpha)\lg\eta_{old} + \alpha\lg\eta_{new} \tag{7-1}$$

式中：η_{mix}——混合后沥青 60℃黏度（Pa·s）；
        η_{old}——混合前旧沥青的 60℃黏度（Pa·s）；
        η_{new}——混合前新沥青或再生剂的 60℃黏度（Pa·s）；
        α——新沥青的比例；

$$\alpha = \frac{P_{nb}}{P_b} \tag{7-2}$$

        P_{nb}——热再生沥青混合料的新沥青用量（%）；
        P_b——热再生沥青混合料的总沥青用量（%）。

7 再生剂的选择及掺配比例的确定

根据旧料中含有的沥青材料性能，初定几个（多个）不同品牌和不同掺量的再生剂用量，进行旧沥青材料再生试验（包括针入度、软化点、延度、60℃的动力黏度等指标），对照相关指标要求，选定再生剂及掺配比例。

再生剂的使用应遵循以下原则：

1）计算得到所需的新沥青标号过高，市场供应存在问题；

2）沥青混合料回收料（RAP）掺配比例较大或者沥青混合料回收料（RAP）中旧沥青含量较高。

8 再生沥青混合料组成设计

1）估计再生混合料的沥青总用量。

再生混合料的总沥青用量可以根据工程材料特性、气候特点、交通量等条件，结合当地的工程经验进行估计。

也可按式（7-3）估计沥青总用量：

$$P_b = 0.035a + 0.045b + K_c + F \tag{7-3}$$

式中：P_b——估计的混合料中的总沥青用量（%）；
        K——系数，当 0.075mm 筛孔通过率为 6%～10% 的时候，K 取 0.18；当 0.075mm 筛孔通过率等于或小于 5% 的时候，K 取 0.20；

a——2.36mm 筛孔上集料的比例（%）；

b——通过 2.36mm 筛孔且留在 0.075mm 筛孔上集料的比例（%）；

c——通过 0.075mm 筛礼矿料的比例（%）；

F——常数，F 取值范围 0~2.0，取决于集料的吸水率，缺乏资料时采用 0.7。

2）估算新沥青用量 P_{nb}。

按照式（7-4）计算再生混合料的新沥青用量 P_{nb}：

$$P_{nb} = P_b - P_{ob} \times n/100 \qquad (7-4)$$

式中：P_b——热再生混合料的总沥青用量（%）；

P_{ob}——RAP 中的沥青含量（%）；

n——RAP 掺配比例（%）。

3）不同规格的沥青混合料回收料（RAP），其沥青含量需要分别计算再相加。

4）确定再生沥青混合料沥青用量。

以估算的沥青用量 P_{nb} 为中值，用 P_{nb}、$P_{nb} \pm 0.5$、$P_{nb} \pm 1.0$ 这 5 个沥青用量水平，按照《公路沥青路面施工技术规范》（JTG F40）的马歇尔方法确定最佳沥青用量。

5）马歇尔试件制备方法。

a. 将沥青混合料回收料（RAP）置于烘箱中加热至 120℃，加热时间不宜超过 2h，避免沥青混合料回收料（RAP）进一步老化。

b. 根据新沥青的黏温曲线确定混合料的拌和与成型温度，新集料加热温度宜高出拌和温度 10~15℃。

c. 再生混合料拌和时的投料顺序是将沥青混合料回收料（RAP）、粗细集料倒入预热的拌和机预拌，然后加入再生剂和新沥青，最后加入矿粉，继续拌和至均匀为止，总拌和时间一般为 3min。

d. 将一个试样所需的混合料倒入预热的试模中，成型方法与热拌沥青混合料相同。

6）性能验证试验。

根据马歇尔试验结果确定的最佳油石比，分别进行高温稳定性检验、水稳定性检验、冻融劈裂检验和渗水性能检验，各项检验指标应满足表 7.2 技术要求，否则应重新进行配合比设计。

7.4.2 生产配合比设计阶段

1 生产配合比的表达形式为：合成级配，各热料仓比例，最佳油石比或最佳沥青用量。

2 生产配合比各热料仓比例的确定：对间歇式拌和楼，应选择适宜的筛孔尺寸和安装角度，按规定方法取样测试各热料仓的矿料级配，计算拟合目标级配的各热料仓配合比，供拌和楼控制室使用，尽量使各热料仓的供料大体平衡。

3 生产配合比最佳油石比的确定：取目标配合比设计的最佳沥青用量 OAC、OAC ± 0.3% 等 3 个沥青用量进行马歇尔试验和试拌，通过室内试验及从拌和楼取样试验综合确定生产配合比的最佳沥青用量，由此确定的最佳沥青用量与目标配合比设计的最佳沥青用量差值不宜大于±0.2%。

4　路用性能的检验：根据生产配合比设计所确定的级配、各热料仓比例、最佳油石比，分别进行高温稳定性检验、水稳定性检验、冻融劈裂检验和渗水性能检验（其中高温稳定性、水稳定性必须进行校核），满足性能指标要求的配合比作为生产配合比。

5　生产配合比设计注意事项

1）合理布置振动筛筛网。

2）注意合理控制拌和楼除尘风门开度的大小，既要抽出矿料中的多余粉尘，同时又防止机制砂中细料部分过度抽出。除尘风门开度的大小应和后期生产保持一致。

3）对热仓各粒级材料目测有无热料窜料现象、窜料比例大小等，特别是3~6mm热料，若窜料较多应查找原因，重新取样。

7.4.3　生产配合比验证

1　按生产配合比结果在拌和楼进行试拌，检验拌和设备性能，包括拌和温度、拌和时间、投放次序、计量称重等指标。

2　对拌和完成混合料进行外观检验、评价，包括混合料均匀性、和易性，沥青含量，是否有"离析""花白""结团"存在。

3　拌和完成混合料取样，完成马歇尔、级配、油石比等主要试验验证，如不满足要求应查明原因，重新试拌。必要时重新进行生产配合比设计。

7.4.4　铺筑试验路

1　依据生产配合比及生产验证且检验，评价性能满足要求的混合料进行试验段铺筑。

2　试铺段应选择在经验收合格的下承层上进行，其长度为400~500m，并按照施工组织设计的方案选择几种碾压形式进行验证，每一种方案试验长度200~300m。

3　试验段试验内容

1）确定混合料拌和参数，验证并调整配合比；

2）确定混合料虚铺厚度、松铺系数；

3）确定混合料标准施工方法；

4）确定压实遍数和压实度关系；

5）确定混合料的摊铺工艺，确定摊铺温度、摊铺速度；

6）确定碾压机械组合、碾压工艺及碾压遍数、压实温度。

4　试验段检测

1）试铺段的检验频率应是标准中规定正式铺筑路面的2~3倍。

2）通过试铺进一步观察混合料的拌和、摊铺、碾压等工艺性能。取样进行混合料的性能试验，检查是否满足设计要求。另外，对路面结构层进行检测，通过马歇尔试验、抽提试验、性能试验、表观评价，综合评价生产配合比是否合理，必要时作相应的调整，作为最终标准生产配合比。

5 确定施工级配范围及标准生产配合比

1）据上述最终标准生产配合比级配提出施工级配控制范围和油石比，以此作为最终大面积铺筑沥青混合料生产质量控制的依据。

2）按试验路生产配合比验证结果，编写《试验路施工总结》，经审核批复后，即可作为大面积施工的配合比。

8 施工

8.1 机械设备

热再生沥青路面主要施工机械设备配置见表8.1。

表8.1 施工机械设备配置表

工序	机械设备名称	规格、型号	单位	数量	备注
拌和	拌和楼	2000型及以上型号设备	台	1	自动计量，至少有5个冷（热）料仓，产量≥120t/h
拌和	再生机	按照本指南表6.3.3要求	台	1	具备沥青混合料回收料（RAP）的配料装置和计量装置；（RAP）材料可单独加热
拌和	沥青存储罐	200t以上	个	1+1	采用导热油加热，温度控制规定值±5℃
拌和	发电机组（备用）	功率满足启动拌和楼的需要	台	满足需要	新旧程度为90%以上
摊铺	摊铺机	具有自动找平、振动夯板功能齐全，功率不低于140kW	台	2+1	新旧程度为90%以上，并机作业需2台，另外1台备用
运输	自卸汽车	20t以上	台	满足需要	
碾压	初压 双钢轮振动压路机	静质量≥13t	台	2	新旧程度为90%以上
碾压	复压 轮胎压路机	静质量≥30t	台	2	新旧程度为90%以上
碾压	终压 双钢轮振动压路机	静质量≥11t	台	1	新旧程度为90%以上
碾压	边角 小型振动压路机	静质量≥2t	台	1	新旧程度为90%以上
接缝	切割机		台	1	新旧程度为90%以上
其他	工程所需的其他装载机、加水车、加油车、交通车等均应满足工程实际需要				

注：以上为主要施工机械设备，根据工程施工实际需求，需要的机械设备酌情增加。

8.2 施工准备

8.2.1 开工前必须配备齐全的施工机械和配件，并做好开工前机械的保养以及试机工作，且能够保证在施工期间一般不发生有碍施工进度和质量的故障，施工机械主要包括拌和、运输、摊铺和压实机械。

8.2.2 铺筑前要检查其下承层质量，确保表面干净，无灰尘、杂物等污染，对严重污染路段应进行洒水清洗，干燥后进行施工。

8.2.3 按照设计要求完成下封层或黏层施工。

8.3 拌和

8.3.1 拌和设备

应使用间歇式沥青拌和设备，设备包含烘干加热、筛分、计量、温控、废粉回收整套系统，同时拌和设备必须具备沥青混合料回收料（RAP）的配料计量装置和加热装置。

使用已有拌和机应增加沥青混合料回收料（RAP）添加、加热、计量装置的附楼。

沥青混合料回收料（RAP）料仓数量应不少于3个，料仓内的沥青混合料回收料（RAP）含水量应不大于3%。

沥青混合料回收料（RAP）加热时不得直接与火焰接触。

8.3.2 拌和温度

由于热再生混合料拌和过程中新料与旧料之间热量传递的需要，新集料和新沥青加热温度相比普通混合料略需提高，新集料加热温度一般控制在180~190℃，沥青的加热温度一般控制在145~160℃，旧料预热110~130℃。

再生沥青混合料出料温度宜比普通沥青混合料温度高5~15℃，但最高温度不应超过195℃。

8.3.3 拌和时间

热再生混合料的拌和时间也与旧料掺配比例有关系，旧料掺配比例增大，则拌和时间应在常规混合料拌和时间的基础上适当延长，比普通沥青混合料拌和时间宜延长10~15s。

与普通热拌混合料相比，再生料的拌和工艺过程并无太大区别。为避免旧料和新集料及新拌沥青混合料因拌和不均匀出现花白料的情况，总拌和时间宜控制在50~60s。

厂拌热再生沥青混合料拌和的其他要求，应符合现行《公路沥青路面施工技术规范》（JTG F40）对热拌沥青混合料拌和的要求。

8.4 运输

8.4.1 运输车用载重量为20t以上车辆，但不得超载。行驶在路面上不得急刹车或急弯掉头，防止黏层、封层损伤。运输道路畅通，危险地段设警示标志，窄路段有避车道。

8.4.2 运输车四周与顶部必须采用双层帆布夹一层棉被进行包裹和覆盖，以减少混合料在运输中的温度损失。车厢中部留测温孔。车内清洁，第一次使用要涂刷隔离剂，每日班后清理。运料车进入摊铺现场，轮胎上不得占有泥土等赃物，以免污染路面。沥青混合料在摊铺点凭运料单接收，若温度不符合施工要求或结块、雨淋的不得铺筑。

8.4.3 运料车装料时，须前后移动运料车，以便消除粗细料的离析现象。车辆前后移动，一车料最少分三次装载（即以"前－后－中"的次序），装好后加盖不透水布加棉被，覆盖前测量出厂温度是否符合规定要求。

8.4.4 热再生沥青混合料的运输尽量缩短运输时间，车辆的数量与摊铺机的数量、摊铺能力、运输距离相适应，在摊铺机前形成一个不间断的供料车流。

8.5 摊铺

8.5.1 施工组织时尽可能摊铺段落按照竖曲线方向由低向高铺筑。

8.5.2 摊铺作业必须缓慢、匀速、连续不间断的摊铺，不得随意变速或中途停顿。摊铺速度宜控制在 2~4m/min 的范围内。当发现混合料出现明显的离析、波浪、裂缝、拖痕时，应分析原因，予以消除。

8.5.3 下面层采用钢丝绳引导的高程控制方式，但厚度不得小于设计厚度，表面层或桥面采用平衡梁控制摊铺厚度的方式，平衡梁长度不小于10m；摊铺机每班作业前将烫平板预热，温度不低于100℃。

8.5.4 摊铺机摊铺时熨平板振动器采用高频低幅。根据摊铺层厚度、宽度、摊铺速度，调整刮料板的开度，保证螺旋送料器处混合料的压力稳定。

8.5.5 提高初始压实度和松铺表面的平整度，降低松铺系数，摊铺机螺旋送料器不间断地转动，两侧保持有不少于送料高度2/3的混合料，使摊铺机全幅面不发生离析。

8.5.6 如因操作摊铺机不当或因自动找平装置问题而出现摊铺表面不平或坡度变化时，立即停止摊铺，查找出原因，如果这种处理路面表面纹理及平整度的方法未能达到要求，则该段面层应予以废除，重新摊铺混合料。

8.6 碾压

8.6.1 压实一般要求

碾压分为三个阶段，即初压、复压和终压。

1 初压：采用钢轮紧跟摊铺机后碾压，尽量保持较短的初压区长度，以使表面尽快压实减少热量损失。初压，一般为前静后震不少于1遍。

2 复压：紧跟初压区，不得停顿，一般碾压区不超过60m。每台压路机要全幅碾压（1/2轮宽重叠），不少于4~6遍，在规定温度内直至达到压实标准，要防止漏压或不同部位压实度的不均匀。

3 终压：采用双钢轮压路机全幅碾压2遍，消除轮印为止。

碾压过程注意混合料温度"敏感区"，尽可能不使终压在温度敏感区内完成。一般混合料温度"敏感区"：基质沥青混合料为90~110℃；改性沥青混合料为110~130℃。沥青混合料碾压时要遵循"紧跟、慢压、高频、低幅"的原则。

8.6.2 沥青路面压实注意事项

1 在初压和复压过程中，宜采用同类压路机并列成梯队压实，不宜采用首尾相接的纵列方式。

2 完成摊铺后立即对厚度、平整度、路拱及温度进行检查，不合格之处及时进行调整，随后按铺筑试验路所确定的压实设备的组合及程序进行压实。

3 碾压横向由低边向高边慢速均匀地进行，相邻轮迹至少重叠50cm。当压路机来回交替碾压时，前后两次停留地点相距10m以上，并驶出压实起始线3m以外。

4 压路机碾压速度要根据压路机本身的能力、压实厚度、在压路机队列中的位置等选择。压路机碾压的适宜速度宜符合表8.6.2所示。

表8.6.2 压路机碾压速度（km/h）

碾压阶段		初压	复压	终压
压路机类型	11~13t双钢轮振动压路机	静压1.5~2.5	振动3~4	静压2~3
	9~11t双钢轮振动压路机	静压1.5~2.5	振动3~4	2~3
	30t轮胎压路机	—	3.5~4.5	—

5 严格控制有效压实时间，一般要在20~30min内完成碾压，气温低选低限，气温高选高限。

6 压路机不得在温度高于70℃的压实结构层上停留。同时，要采取有效措施，防止设备的油脂或其他杂质在压路机操作或停放期间落在路面上。

8.7 接缝处理

8.7.1 纵向接缝

1 一般要求施工时纵向采用热接缝处理方式。

2 当不得不采用冷接时宜采用平接缝，即施工时采用档板或施工后用切割机切齐可形成平接缝。

3 设置纵向接缝时上下层纵缝不能处于同一位置，接缝位置错开应不小于15cm。

8.7.2 横向接缝

1 采用平接缝，宜在当天施工结束后挖除、清扫、成缝。

2 先在冷的一侧涂刷一层沥青，摊铺前用熨平扳充分预热。

3 摊铺混合料后先清缝，然后检查新摊铺的混合料松铺厚度是否合适。清缝时不得向新铺混合料方向过分推压。

4 碾压时先按垂直车道方向沿接缝进行，并在冷侧沿纵向处放置帆布或土工布，其长度要足够压路机驶离碾压区。

5 接缝黏结紧密，压实充分，连接平整。

9 质量控制

热再生沥青路面施工技术要求高,工艺复杂,因此,管理是不可忽视的重要环节,必须进行严格的科学管理,才能保证路面的施工质量,各项工艺都要高标准、严要求,各负其责,落到实处。

9.1 温度控制

9.1.1 热再生沥青混合料在拌和、运输、摊铺、碾压以及开放交通各阶段温度的精确控制关系到热再生沥青路面总体质量。因此,应在各环节严格控制适宜温度。

9.1.2 施工各环节温度控制见表9.1.2所示。

表9.1.2 路面施工温度要求

温度控制点	要求温度(℃)		测量部位
	基质沥青混合料	改性沥青混合料	
环境温度	>10	>15	现场
沥青加热温度	145~160	160~165	沥青加热罐
集料加热温度	165~185	185~195	热料提升斗
RAP加热温度	110~130		
混合料出厂温度	145~165	170~185	运料车
混合料最高温度(废弃温度)	>180或<140	不高于190	运料车
混合料储存温度	降低不超过10	降低不超过10	储料仓及运料车
沥青混合料到场温度	不低于140	不低于170	运料车
摊铺温度	不低于135	不低于160	摊铺机
初压温度	不低于130	不低于150	碾压层内部
复压温度	不低于120	不低于130	碾压层内部
终压温度	不低于80	不低于110	碾压层内部
开放交通温度	不高于50	不高于50	路面内部或表面

9.2 质量检测

9.2.1 为保证施工质量，施工过程应对沥青混合料回收料（RAP）及再生沥青混合料进行严格的质量控制与试验检测。

9.2.2 施工过程中沥青混合料回收料（RAP）检测频度与质量要求见表9.2.2。

表9.2.2 施工过程中沥青混合料回收料（RAP）检测频度与质量要求

检查项目		检测频度	质量要求或允许偏差	试验方法
RAP含水率		每日1次	≤3%	T 0305
RAP中集料毛体积密度		每3 000tRAP检测1次	实测	T 0722, T 0304, T 0330
RAP矿料级配	≤0.075mm	每日1次	±2%	T 0722, T 0302, T 0327
	0.075mm以上筛孔通过百分率	每日1次	±6%	
RAP沥青含量		每日1次	±0.4%	T 0722 或 T 0735
RAP沥青	25℃针入度（0.1mm）	每3 000tRAP1次	±5	T 0604
	60℃黏度（Pa·s）	每3 000tRAP1次	±10%	T 0620

9.2.3 再生沥青混合料检测项目和质量要求见表9.2.3。

表9.2.3 热再生沥青混合料检测项目与质量要求

项目		检查频度及单点检验评价方法	质量要求或允许偏差	试验方法
混合料外观		随时	观察集料均匀性、离析、油石比、色泽、冒烟、有无花白料、油团等各种现象	目测
拌和温度	沥青、集料加热温度	逐盘检测评定	符合本指南表9.1.2	传感器自动检测、显示并打印
	混合料出厂温度	逐车检测评定	符合本指南表9.1.2	传感器自动检测、显示并打印，出厂时逐车按T 0981人工检测
		逐盘测量记录，每天取平均值评定	符合本指南表9.1.2	传感器自动检测、显示并打印
矿料级配	0.075mm	每台拌和机每天1~2次，以2个试样的平均值评定	±2%	T 0725抽提筛分与标准级配比较的差
	≤2.36mm		±5%	
	≥4.75mm		±6%	
沥青用量（油石比）		每台拌和机每天1~2次，以2个试样的平均值评定	±0.3%	抽提 T 0722、T 0721

续上表

项 目	检查频度及单点检验评价方法	质量要求或允许偏差	试 验 方 法
马歇尔试验、空隙率、稳定度、流值	每台拌和机每天1~2次，以4~6个试件的平均值评定	符合本指南表7.3	T 0702、T 0709、规范附录B、附录C
浸水马歇尔试验	必要时试件数同马歇尔试验	符合本指南表7.3	T 0702、T 0709
车辙试验	必要时以3个试件的平均值评定	符合本指南表7.3	T 0719

9.2.4 再生沥青混合料施工检测项目及质量要求见表9.2.4。

表9.2.4　热再生路面施工检测项目及质量要求

项 目		检查频度及单点检验评价方法	质量要求或允许偏差	试 验 方 法
外观		随时	表面平整密实，不得有明显轮迹、裂缝、推挤、油盯、油包等缺陷，且无明显离析	目测
接缝		随时	紧密平整、顺直、无跳车	目测
		逐条缝检测评定	3mm	T 0931
施工温度	摊铺温度	逐车检测评定	符合本指南表9.1.2	T 0981
	碾压温度	随时	符合本指南表9.1.2	插入式温度计实测
厚度	每一层次	随时，厚度50mm以下 厚度50mm以上	设计值的5% 设计值的8%	施工时插入法量测松铺厚度及压实厚度
	每一层次	1个台班区段的平均值 厚度50mm以下 厚度50mm以上	-3mm -5mm	规范附录G总量检验
	总厚度	每2 000m² 一点单点评定	设计值的-5%	T 0912
	上面层	每2 000m² 一点单点评定	设计值的-10%	
压实度		每200m每车道1个芯样，逐个试件评定并计算平均值	试验室标准密度的97%（98%） 最大理论密度的93%（94%）	T 0924、T 0922规范附录E
平整度（标准差）	上面层	连续测定	1.0mm	T 0932
	中面层		1.2mm	
	下面层		1.4mm	
宽度		检测每个断面	不小于设计宽度	T 0911
纵断面高程		检测每个断面	±10mm	T 0911

续上表

项　　目		检查频度及单点检验评价方法	质量要求或允许偏差	试　验　方　法
横坡度		检测每个断面	±0.3%	T 0911
渗水系数	上面层	每 1km 不少于 5 点，每点 3 处取平均值	80mL/min	T 0971
	中面层		100mL/min	
	下面层		120mL/min	
构造深度		每 200m/车道一点	≥0.6mm	T 0961

10 验收与评定

10.1 基本要求

10.1.1 再生沥青混合料的矿料质量及矿料级配应符合设计要求和施工规范的规定。

10.1.2 再生沥青混合料的生产,每日应做抽提试验、马歇尔稳定度试验。矿料级配、沥青含量、马歇尔稳定度等结果的合格率应不小于90%。

10.1.3 拌和后的沥青混合料应均匀一致,无花白,无粗细料分离和结团成块现象。

10.1.4 摊铺时应严格控制摊铺厚度和平整度,避免离析,注意控制摊铺和碾压温度,碾压至要求的密实度。

10.1.5 质量检验评定中,除应符合本指南外,还应符合现行国家、交通运输部颁布的相关规范的规定。质量标准与其他规范不一致时,宜以颁布年份最新者为准。

10.2 实测项目

热再生沥青混合料实测项目见表10.2。

表10.2 热再生沥青混合料实测项目

项次	检查项目		规定值或允许偏差	检查方法和频率	权值
1	压实度(%)		试验室标准密度的96%; 最大理论密度的92%	按附录B检查,每200m测1处	3
2	平整度	σ(mm)	1.2	平整度仪:全线每车道连续按每100m计算IRI或σ	2
		IRI(m/km)	2.0		
3	弯沉值(0.01mm)		符合设计要求	按JTG F80/1—2004附录I检查	2
4	渗水系数		300ml/min	渗水试验仪:每200m测1处	2
5	抗滑	摩擦系数	符合设计要求	摆式仪:每200m测1处; 摩擦系数测定车:全线连续	2
		构造深度		铺砂法:每200m测1处	

续上表

项次	检查项目		规定值或允许偏差	检查方法和频率	权值
6	厚度（mm）	代表值	总厚度：设计值的 -8% 上面层：设计值的 -10%	按 JTG F80/1—2004 按附录 H 检查，双车道每200m测1处	3
		合格值	总厚度：设计值的 -10% 上面层：设计值的 -20%		
7	中线平面偏位（mm）		20	经纬仪：每200m测4点	
8	纵断高程（mm）		±10	水准仪：每200m测4断面	
9	宽度（mm）	有侧石	±20	尺量：每200m测4断面	
		无侧石	不小于设计		
10	横坡（%）		±0.3	水准仪：每200m测4处	

10.3 外观鉴定

10.3.1 表面应平整密实，不应有泛油、松散、裂缝和明显离析等现象，有上述缺陷的面积（凡属单条的裂缝，则按其实际长度乘以0.2m宽度，折算成面积）之和不得超过受检面积的0.03%，不符合要求时每超过0.03%减2分。

10.3.2 半刚性基层的反射裂缝可不计作施工缺陷，但应及时进行灌缝处理。

10.3.3 搭接处应紧密、平顺。不符合要求时，累计每10m长减1分。

10.3.4 面层与路缘石及其他构筑物应密贴接顺，不得有积水或漏水现象。不符合要求时，每处减1~2分。

11 跟踪与评估

厂拌热再生沥青路面因其在材料准备、施工铺筑、工序衔接等过程中工艺复杂且不易控制，因此，在原材料选择、取样、配合比设计、混合料拌和、摊铺、碾压以及早期运营中都应进行严格的科学管理，指标量化，保证路面的施工质量控制落实到位。

厂拌热再生质量跟踪评估可分为施工前、施工期质量跟踪，施工过程及工序、工艺质量评估以及运营中定期检查评估等几方面，其各环节应相互关联，并形成闭合、可追溯的检测、检查结果。

11.1 施工前质量跟踪

施工前质量跟踪主要有两部分工作内容组成，即第一部分为试验室对进场各种粗、细集料、矿粉、沥青、RAP按照规定的频率进行检测；第二部分为沥青拌和厂对沥青拌和设备进行必要的试运行，对各计量系统进行标定。标定分为拌和楼各计量单元的标定和冷料仓不同转速下流量（质量）的标定，这些标定为拌和楼生产提供必要的技术储备。施工前质量跟踪见表11.1。

11.2 施工期间质量跟踪

施工过程质量跟踪分为前场控制、后场控制两部分工作内容，通过对各点检查，使辐射至面的指标量化，形成施工过程的工序、工艺检查以及试验室对混合料技术性能检验，实体技术指标检验等。施工期间质量跟踪见表11.2。

11.3 施工现场检查跟踪

依据施工技术规范、设计图纸及项目专用作业指导书要求，按照表11.3-1和表11.3-2内容逐项检查对照，并判定其是否满足要求，对不符合要求应及时纠正，确保施工进度顺利，施工质量稳定。

11.4 质量评估

项目完成并交工验收后，选择具有代表性的路段（一般不少于5km），定期对所运营路面进行分点质量评估，按照表 11.4-1 如实填写质量跟踪评估表，对存在或出现的早期病害进行细致分析，形成闭合、可追溯的检测及检查结果，并在年度汇总，形成年度总结跟踪评估报告，通过在设计年限内的长期跟踪评估，提出新技术的改进意见，为今后设计、施工提供技术支撑。沥青路面厂拌热再生质量跟踪评估检查项目见表 11.4-2。

表 11.1 厂拌热再生施工前质量跟踪

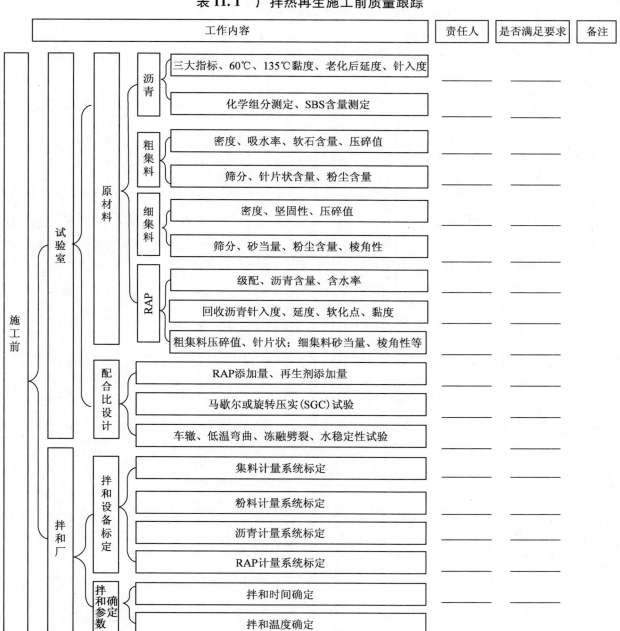

— 41 —

表11.2 厂拌热再生施工期质量跟踪

施工期		工作内容	责任人	是否满足要求	备注
后场	拌和厂	集料、粉料、沥青、RAP计量控制系统偏差			
		拌和均匀性控制			
		混合料温度控制			
	试验室	RAP：级配、含水率、油石比			
		再生混合料：级配、油石比检测			
		马歇尔或旋转压实（SGC）			
前场	施工	下承层清理			
		透层、封层或黏层油洒布			
		混合料摊铺			
		混合料碾压			
		横向、纵向接缝			
		局部处理			
	实体检测	压实度、厚度			
		平整度检测			
		弯沉检测			
		渗水系数检测			
		构造深度检测（表面层）			

表 11.3-1　厂拌热再生施工现场检查跟踪表

项目名称：　　　　　　　　　　　　　　　　　检查人：

序号	检查项目		要　求	检查结果	是否合格
1	下承层清理	基层	平整、密实、无松散、坑槽等；碎石封层沥青洒布均匀，碎石均匀无重叠，无污染		
		面层	无污染、无松散颗粒；黏层油洒布均匀		
2	黏层、封层施工		洒布量符合要求		
			喷洒时对人工构造物进行遮挡防护		
			封层所用碎石规格符合要求并经沥青拌和楼加热除尘处理		
			施工完成后实行交通管制，及时安排下道工序施工		
3	模板安装		线形平顺、支撑稳固、无变形		
4	运输车辆	装料	专人指挥呈品字形装料		
		覆盖	棉被覆盖严实，运输过程中温度损失<5℃		

表 11.3-2　厂拌热再生施工现场检查跟踪表

项目名称：　　　　　　　　　　　　　　　　　检查人：

序号	检查项目		要　求	检查结果	是否合格
5	施工现场	设备	两台摊铺机同一型号（新旧程度一致）、1台11T以上双钢轮、2台13T以上双钢轮、2台30T以上胶轮压路机、1台2T小型振动压路机		
			面层施工设置挡风墙，墙体长度大于200m，高度不低于1.6m		
		摊铺	安排专人负责指挥车辆卸料和摊铺机操作手进行收斗操作，收斗频率不宜过高		
			前档板下缘安装橡胶档板，并有足够刚度，橡胶档板下缘距下承层距离不大于3cm		
			行进速度符合要求，初始压实度达到85%以上，混合料均匀，无明显袋装或片状离析		
			螺旋布料器连续稳定布料，双侧布料槽内料位高度掩盖叶片2/3		
		碾压	遵循"紧跟慢压、高频低幅、静振结合、揉压为主"原则		
			双钢轮静压2遍，胶轮碾压不少于4遍，收面至无明显轮迹		
			及时检查平整度，处理不合格点、段		
		边部及离析处理	专人对离析部位及时进行处理，禁止薄层贴补，边部小型压路机碾压至密实、无渗水		

表 11.4-1　厂拌热再生质量跟踪评估表

项目名称		建设单位	
施工单位		使用位置及桩号	
分项分部工程名称		开工/完工日期	

质量状况描述（具体）：

原因分析：

处理意见或方法：

施工单位（签字）		监理单位（签字）		日期	

跟踪与评估

表 11.4-2 沥青路面厂拌热再生质量跟踪评估检查项目

序号	检测项目		检测方法	检测位置	检测频次	
					交工至竣工前	竣工后 2 年内
1	外观	表面层	多人共同查看，综合评价	路线全段，按照是否存在渠化交通等分别进行	陕北地区夏季每 30d 检查 1 次，冬季每 60d 检查 1 次；陕南地区夏季每 20d 检查 1 次，冬季每 60d 检查 1 次	陕北地区夏季每 45d 检查 1 次，冬季每 90d 检查 1 次；关中、陕南地区夏季每 30d 检查 1 次，冬季每 60d 检查 1 次
2	裂缝	表面层	多人共同查看，逐条量测宽度、长度，综合评价	路线全段，按照是否存在渠化交通等分别进行	同外观检测一致	同外观检测一致
3	坑槽	表面层	多人共同查看，量测几何尺寸、深度，综合评价	路线全段，按照是否为车辆油污染等分别进行	同外观检测一致	同外观检测一致
4	车辙	表面层	3m 直尺，每 10 尺为评定段，测纵、横断面深度，综合评价	路线全段，按照是否存在渠化交通、纵坡段应增加检查点	陕北地区夏季每 15d 检查 1 次，关中、陕南地区夏季每 10d 检查 1 次	陕北地区夏季每 90d 检查 1 次，冬季每 20d 检查 1 次，关中、陕南地区夏季每 60d 检查 1 次
5	平整度	表面层	同车辙	同车辙	同车辙检测一致	同车辙检测一致
6	钻芯取样	表面层	上、下面层同点位取芯，室内完成钻芯取样	路线全段，按照渠化交通段、纵坡段、裂缝处等分别取样	外观、裂缝、车辙无变化时每半年取一次，反之随时取样检测，并分别取对上、下面层体积指标变化做详细记录	外观、裂缝、车辙无变化时每年取一次，反之随时取样检测，并分别取对上、下面层体积指标变化做详细记录
		中、下面层				
7	构造深度	表面层	取芯点位处	路线全段	取芯点位处平行完成 2 次检测，与交工时检测结果对比	

注：1. 以上检查应逐桩号（精确至米），几何尺寸以图形标注清楚。
2. 检查时间应附照片以及可证明当前时间的标示（如当天报纸等）。
3. 若检查过程无异常，可减少或取消取芯取样检测。
4. 钻芯取样陕北为 4 月、10 月，关中陕南为 5 月、11 月检测。

附录 A 沥青混合料回收料（RAP）取样与试验分析

A.1 RAP 的取样方法

通过随机取样的方式获得有代表性样品用于沥青混合料回收料（RAP）的性能分析，是再生混合料配合比设计和性能验证重要的步骤，是正确设计再生混合料的基础。厂拌热再生沥青混合料回收料（RAP）的现场取样方法应按照以下办法实施。

A.1.1 厂拌热再生中沥青混合料回收料（RAP）取样适合使用采用冷铣刨工艺回收得到。

A.1.2 厂拌热再生适宜采用在沥青混合料回收料（RAP）料堆取样，现场取样仅仅是为了工程前期工作需要时采用。

A.1.3 厂拌热再生设计图纸及目标配合比设计中采用的沥青混合料回收料（RAP）应具有较高的代表性，取样中应保证足够的取样点位与数量。

A.1.4 厂拌热再生中沥青混合料回收料（RAP）取样也可借鉴美国各州的取样频率和取样数量，见表 A.1.4。

表 A.1.4 美国旧料分析取样频率和数量

地　区	取样频率	取样数量
亚利桑那	3 个芯样/1.6 车道公里	150mm 直径，贯穿结构全厚度
佛罗里达	1 组 3 个芯样/1.6 车道公里，每车道至少 2 组芯样	150mm 直径，贯穿结构全厚度
堪萨斯	1 组 3 个芯样/1.6 车道公里，至少 30 个芯样	100mm 直径，贯穿结构全厚度
内华达	1 个芯样/750 车道米	100mm 直径，贯穿结构全厚度
得克萨斯	10 个芯样/项目	150mm 直径，贯穿结构全厚度
威斯康星	1 个芯样/800m	至少 230 cm^2
怀俄明	2 个芯样/km	150mm 直径，贯穿结构全厚度

A.2　RAP 分析注意事项

A.2.1　沥青混合料回收料（RAP）料堆在堆放一段时间后表面会结壳，取样时应将其剥离。

A.2.2　就检测沥青混合料回收料（RAP）含水率本身而言，材料温度 105℃ 也是可行的，但是考虑到后续的级配和沥青含量等试验，试验温度也可按 60℃ 控制。

A.2.3　沥青混合料回收料（RAP）的筛分试验应采用水洗法。

A.2.4　沥青混合料回收料（RAP）的沥青含量与级配宜使用抽提法。采用高温燃烧法时，在试验前应对高温燃烧炉进行标定。同时应对沥青混合料回收料（RAP）进行干燥处理，将其加热 40min，消除含水率对检测结果的影响。若集料在燃烧过程中由于高温导致破碎，则不宜采用燃烧法。

附录 B 从沥青混合料中回收沥青的方法（改进的阿布森法）

B.1 目的与使用范围

B.1.1 本方法采用阿布森法从沥青混合料中回收沥青。对沥青路面或沥青混合料用溶液抽提，再将抽提液中的溶剂除去，且在操作过程中不改变混合料中沥青的性质。

B.1.2 按本方法从沥青路面或沥青混合料中回收的沥青，可供评定石油沥青混合料中沥青的老化程度，及分析沥青路面的破坏原因，进行再生沥青混合料的配合比设计等使用。根据需要对回收沥青测定各种性质及化学组分。

B.2 仪具与材料

B.2.1 蒸馏装置，如图 B.2.1 所示，由下列部分组成。

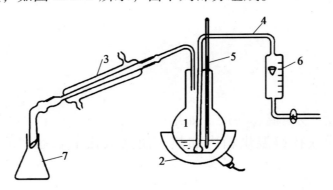

图 B.2.1 回收沥青蒸馏装置
1-平底烧杯；2-控温油浴；3-冷凝管；4-通气管；5-温度计；6-气体流量计；7-溶剂回收瓶

1 烧瓶：500mL、耐热玻璃制，磨口。
2 通气管：胶皮管长至少 180mm，外径 6mm，球端外径 10mm，有 6 个交错的边孔，孔径约 1.5mm。
3 弯玻璃导管：内径 10mm。
4 软木塞或橡皮塞：于瓶颈有良好的密封性。
5 冷凝管：直形，水夹套长至少 200mm。

6　温度计：0~300℃，分度为1℃，水银球长6mm。

7　锥形瓶：500mL。

8　CO_2气体及储气钢瓶。

9　气体流量计：测定容量在2 000mL/min以上。

10　试管架、夹。

B.2.2　离心式沥青混合料抽提仪。

B.2.3　高速离心分离器：可装置4个以上的离心管，离心力不小770G倍重力加速度（770G）。

B.2.4　离心管：容量在250mL以上。

B.2.5　减压过滤器。

B.2.6　油浴加热器，有调温装置（控温精度±1.0℃），不宜采用电热保温套。

B.2.7　溶剂：三氯乙烯，工业用。

B.2.8　其他：坩埚（有柄）、玻璃棒、烧杯等。

B.3　方法与步骤

B.3.1　准备工作

1　准备沥青回收料试样，一次用量应预计可获得回收沥青试样120g，不足沥青试验项目需要时可分次回收后混合使用。如果沥青混合料不干燥，宜采用风干或电风扇吹干水分后再用微波炉或在恒温烘箱内加热，使其成松散状态，但加热温度宜控制在105℃±5℃，从开始加热至试样松散的时间控制在35min±5min之内。用于质量仲裁检验的样品，重复加热的次数不超过两次。

2　按照《公路工程沥青及沥青混合试验规程》（JTG E20—2011）T 0722方法将沥青混合料用离心法抽提出沥青溶液。

3　将全部沥青抽提液分装入离心管中，用大容量、高速离心机分离抽提液中的细微颗粒的矿粉部分，施加离心力不小于770倍重力加速度（770G）以上，离心分离的时间不小于30min。

4　将干净的抽提液取出一部分置减压过滤器的滤纸上过滤，一边抽气一边向滤纸上加新的三氯乙烯溶剂洗净。仔细观察滤纸上还有没有矿粉颗粒，检验高速离心分离机清除矿粉是否干净。如果试验室没有配置减压过滤器，可采用马沸炉等高温加热器，把抽提液进行高温加热，并对燃烧后的灰烬进行称重，从而检测分离机清除矿粉等细微颗粒集料是否干净。如不干净，则重复3的步骤延长分离时间，直至确认抽提液中没有矿粉为止。

B.3.2 试验步骤

1 将抽提液全都（250～300mL）倒入一个洁净的500mL蒸馏烧瓶中。

2 按图B.2.1装置蒸馏用烧瓶、冷凝管、温度计、流量计、通气管、回收溶剂的锥形瓶等，通气管的端球应高于烧瓶底部5mm，蒸馏烧瓶置于油浴中后用试管架和夹子固定，通气管与流量计、CO_2储气罐连接，在未通气前先用夹子将胶管夹紧，不使通气。温度计水银球端部距通气管的端球顶部10mm。烧瓶颈部底部以下应浸泡在油浴中，使溶剂蒸汽不在烧瓶上部遇冷滴回。

3 开始加热烧瓶，往烧瓶溶液注入CO_2气体，气流量以能使溶剂在烧瓶中缓慢翻腾为宜，或者刚开始加热时在烧瓶底部2～4cm部分放在油浴里面，避免溶液沸腾。不宜采用掺加沸石或玻璃毛细管等方法防止溶液沸腾，以避免回收沥青内掺加进杂质，以减少沸石或玻璃毛细管等物质黏附过多的抽提沥青降低抽提效率。

4 由于油浴加热均匀，后期加热温度很容易控制，而且三氯乙烯溶剂在80～85℃之间就开始被蒸馏出来。因此，为提高试验效率，一般恒温油浴的设定温度从开始至三氯乙烯以滴状被蒸馏出来即可设定在155～165℃之间，视回收沥青的老化程度而定，老化程度小，设低限；反之，取高限。

5 待二氯乙烯溶剂以滴状蒸馏时，CO_2气体流量增加到1 400mL/min+50mL/min，同时将油浴加热温度设定在165～175℃之间，使烧瓶内的温度稳定在160～166℃之间。三氯乙烯蒸馏完毕后，继续通入气体并持续加热20～25 min。

6 蒸馏终了时停止通CO_2气体和加热，并趁热将蒸馏烧瓶中的回收沥青及时浇注试模，对于针入度测试的回收沥青，必须在试模内及时用玻璃棒或细金属棒搅拌，以减少回收沥青的气泡，如果沥青表面扰动较大，要使沥青表面光滑、平整，可将沥青置于100℃恒温干燥箱加热5～10min即可。对于其他试模的浇注也要特别注意减少回收沥青中残留的气泡，在浇注前可将沥青置于100℃恒温干燥箱加热并搅拌，时间不适宜过长。从抽提开始至回收结束的时间不超过8h。

7 对回收沥青进行黏度、针入度、软化点、延度、组分分析等各项试验方法与原样沥青的试验方法相同。

B.4 试验标定和检验

B.4.1 阿布森回收沥青试验方法容易产生误差，通过重复进行原样沥青标定，以减少试验误差。

首先选择一种基质沥青，检测其性能，包括针入度、延度、软化点和60℃黏度等指标。由于三氯乙烯和沥青二次老化对沥青针入度影响最大，可只检测沥青针入度指标来分析三氯乙烯是否蒸馏干净或者是否发生沥青的二次老化现象。然后取沥青试样,溶于三氯乙烯溶剂,配成1:5浓度的溶液(为确保标定试验的可对比性,必须使重复性试验过程中的沥青的三氯乙烯溶液的浓度保持一致),并按照阿布森试验方法进行回收沥青。最后检测回收沥青的针入度指标,并与原样沥青进行比较,如果两次试验结果在试验允许的误差范围内,则证明已掌握沥青回收的技术要点,如果试验结果超出误差范围,则分析原因,并进行重复性试验。如果回收沥青比原样沥青相比针入度偏高,说明三氯乙烯没有蒸发完全,应适当延长加热时间,检查 CO_2 通气量是否充足,反之,则需要检查加热时间是否过长,加热温度是否在回收后期过高等(采用加热套加热这种情况时有发生,油浴加热很少发生)。

B.4.2 对比试验

为进一步检验阿布森法沥青回收试验结果的准确性,应进行复现性对比试验。

B.5 报告

报告应注明回收沥青的方法,并综合报告回收沥青的各项性质测定结果。

B.6 精密度或允许偏差

B.6.1 针入度试验

1 当针入度结果小于50(0.1mm)时,重复性试验的允许偏差为2(0.1mm),复现性试验的允许偏差为4(0.1mm)。

2 试验结果等于或大于50(0.1mm)时,重复性试验的允许误差为平均值的4%,复现性试验的允许误差为平均值的8%。

B.6.2 延度试验

试验结果小于100cm时,重复性试验的允许误差为平均值的20%;复现性试验的允许误差为平均值的30%。

B.6.3 软化点试验

1 试样软化点小于80℃时,重复性试验的允许误差为1℃,复现性试验允许误差为4℃。

2 试样软化点等于或大于80℃时,重复性试验的允许误差为平均值的2℃,复现性试验的允许误差为平均值的8℃。

B.6.4 布氏旋转黏度试验(布洛克菲尔德黏度计法)

重复性试验的允许误差为平均值的3.5%;复现性试验的允许误差为平均值的14.5%。

B.6.5 阿布森回收试验技术要点

1 现行规范规定采用加热套对回收溶液加热，由于电热保温套惯性加热时间较长，而且容易出现加热不均匀，经常出现抽提液温度与加热套的设定温度有较大出入的情况，特别是回收抽提液在三氯乙烯蒸馏后期阶段，很难控制加热温度，经常出现烧瓶内的温度计温度上升过快，使回收沥青二次老化，或者担心沥青的再次老化而导致三氯乙烯溶剂未蒸馏干净。因此，建议采用具有精确控温功能的油浴进行加热，确保蒸馏后期可以有效控制蒸馏瓶内温度，而且受热更加均匀，避免了沥青老化。

2 离心法抽提沥青溶液，主要是将回收料的集料，包括大部分的矿粉从三氯乙烯溶液中分离出来，它的干净程度直接影响下一步的试验精度。因此，采用良好的大功率、大容量且高转速（3 000r/min以上）的抽提仪是首选。否则，抽提溶液不干净，将影响回收沥青针入度、软化点和延度等技术参数的测定。

3 通入二氧化碳气体后的持续加热时间控制。加热时间不足容易造成溶剂残留，即使是0.5%的残留量也会对针入度等的测定结果产生较大影响，加热时间过长必然造成沥青老化。试验操作中应及时观察目测判定最后一滴溶剂已经滴落且无烟雾发生时应立即停止加热。

4 为了避免误差，保证回收沥青的一致性，沥青溶液的浓度为1:5（沥青质量:溶剂质量），这样可以保证每次回收的沥青大约为120克。沥青溶液浓度太大，容易造成溶剂残留；浓度太小，增加试验时间，并且容易造成沥青老化。

5 供回收沥青抽提用的溶剂应采用加有稳定剂的工业用三氯乙烯，根据研究表明，使用化学纯的三氯乙烯时，因无稳定剂，使用时溶剂接触空气氧化生成过氧化物，继而生成多种化合物，在遇热和光线作用下更显著。因此本试验方法规定用工业三氯乙烯。